浪花朵朵

[美]蒂莫西·库尼博士等 著 顾晓军 译 浪花朵朵 编订

美国小学标准科学教材

美国科学

SCOTT FORESMAN SCIENCE

太空与技术·第二级

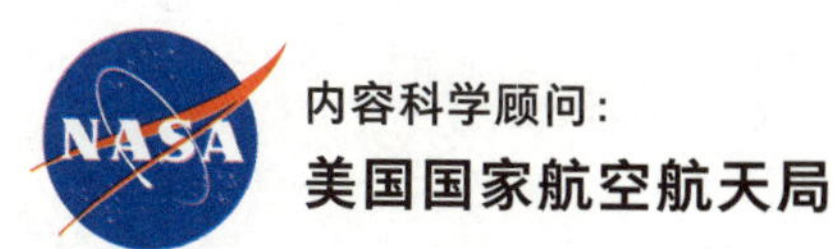

图书在版编目（CIP）数据

美国科学. 太空与技术. 第二级 / (美) 蒂莫西·库尼等著；顾晓军译；浪花朵朵编订. -- 福州：福建教育出版社, 2018.8（2022.10重印）

ISBN 978-7-5334-7969-5

Ⅰ.①美… Ⅱ.①蒂… ②顾… ③浪… Ⅲ.①航天—小学—教材 Ⅳ.①G624.61

中国版本图书馆CIP数据核字(2017)第312576号

著作权合同登记号 图字 13-2018-049

美国科学·太空与技术·第二级

Meiguo Kexue Taikong Yu Jishu Di-er Ji

作　　者：[美] 蒂莫西·库尼 等　　译　　者：顾晓军　　编　　订：浪花朵朵
出 版 人：江金辉　　责任编辑：雷　娜　　美术编辑：邓伦香
筹划出版：后浪出版公司　　出版统筹：吴兴元　　特约编辑：张亚婕
营销推广：ONEBOOK　　装帧制造：墨白空间·李渔　　经　　销：新华书店

出版发行：海峡出版发行集团
福建教育出版社
（福州市梦山路 27 号　邮编：350025　http：//www.fep.com.cn
编辑部电话：0591-83726290　发行部电话：0591-83721876/87115073，010-62027445）

印　　刷：天津雅图印刷有限公司　　开　　本：889 毫米 × 1194 毫米　1/16
印　　张：6　　字　　数：65 千字
版　　次：2018 年 8 月第 1 版　　印　　次：2022 年 10 月第 2 次印刷
书　　号：978-7-5334-7969-5　　定　　价：45.00 元

读者服务：reader@hinabook.com 188-1142-1266　　购书服务：buy@hinabook.com 133-6657-3072
投稿服务：onebook@hinabook.com 133-6631-2326　　网上订购：www.hinabook.com（后浪官网）

科学

以全新视角解读学习

单元 A 生命科学

单元 B 地球科学

单元 C 物理科学

单元 D 太空与技术

第一章 地球和太空

地球的运动方式有哪些?

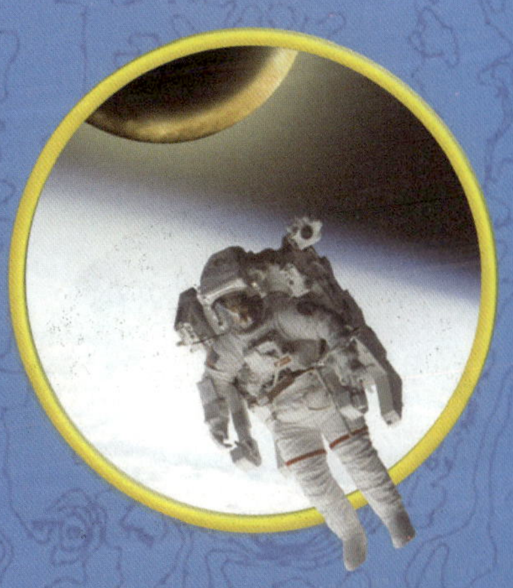

技术如何帮助人们?

第二章　世界上的技术

如何阅读 科学

每个章节都有如下页面，你将在这里学习如何使用各种阅读技巧。

阅读之前

首先，阅读“背景知识”页。其次，阅读“如何阅读科学”页。然后，回想你已有的相关知识。最后，将你已有的相关知识列个清单。

目标阅读技巧

目标阅读技巧能够帮助你理解阅读的内容。

链接真实世界

每页都会有与本章学习内容相关的实例。

组织图

组织图能够帮助你思考所学的内容。

月球的形状似乎也在变化。有时月亮看起来很圆，有时只能看到很小的一部分，有时候又根本看不到月亮。月亮表面发亮部分的形状就叫做**月相**。

月亮是夜晚天空中最大最亮的天体。

1. 为什么我们能看见月亮？
2.  科学中的数学 月球绕地球公转三周需要多久？

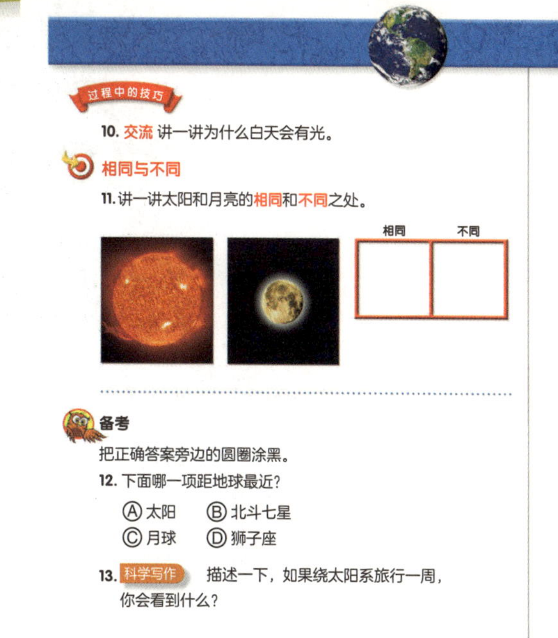

过程中的技巧

10. 交流 讲一讲为什么白天会有光。

相同与不同

11. 讲一讲太阳和月亮的相同和不同之处。

相同	不同

备考

把正确答案旁边的圆圈涂黑。

12. 下面哪一项距地球最近？

Ⓐ太阳 Ⓑ北斗七星

Ⓒ月球 Ⓓ狮子座

13. 科学写作 描述一下，如果绕太阳系旅行一周，你会看到什么？

阅读期间

阅读时可以利用知识检测点，检测自己学到了多少知识。

阅读之后

想一想你都学到了哪些知识。将学到的知识与在阅读前所列的清单进行比较。回答每章“回顾与备考”中的各种问题。

目标阅读技巧

下面是本套丛书中出现的一些阅读技巧。

- 原因与结果
- 相同与不同
- 给事物排序
- 预测
- 得出结论
- 图片线索
- 重要细节

科学过程中的技巧

科学家们运用科学过程中的技巧来探寻事物的奥秘。你也可以利用这些技巧来实践本书中的各种活动。假设科学家们想要了解更多的太空奥秘，他们会采用哪些技巧呢？

太 空

观察

想要找出太空的奥秘，科学家们就需要多多观察。你也可以用你的感官去探索发现。

分类

科学家们会给太空物体分类。将事物按照属性进行分组或归类，就是在分类。

估算与测量

科学家们制造机器探索太空。他们首先会仔细推测机器部件的大小和数量，然后再对每个部件进行测量。

推断

科学家们一直在认识太空。他们会根据已知的信息得出结论或做出猜测。

预测

科学家们会在实验之前介绍他们认为会有什么发现。

制作与使用模型

科学家们可能会制作并使用太空机器模型。模型可以展示他们已经了解到的信息。

下定义

科学家们利用已知的信息来说明事物的含义。

科学过程中的技巧

假设你是一名科学家。你可能想进一步了解太空。你会提出什么问题呢？你会如何利用科学过程中的技巧来帮助自己了解太空？

做出假设

想一个关于太空的问题，提出一个可以检验的回答。

收集数据

科学家记录下他们观察和测量到的数据，并将这些数据绘制成图表。

解读数据

科学家们利用获得的数据去解决问题或回答问题。

调查与实验

研究太空时，科学家们会制定计划并实施调查。

控制变量

科学家们会设计一个公平实验，在实验过程中只改变一个条件，保证其他的条件都相同。

交流

科学家们讲述他们对太空的了解。

使用科学方法

寻找答案应使用科学的方法，科学方法包括如下步骤。科学家们有时候会按照不同的顺序采用这些步骤，有时候也会省略其中的某些步骤。

提出问题。
提出一个想要解答的问题。

种子生长需要水吗？

做出假设。
猜想一下问题的答案是什么。

给种子浇水，种子就会生长。

设计一个公平实验。
只改变一个条件。
保证其他条件都相同。

将种子埋入两个花盆中，
只给其中一个花盆浇水。

无水

有水

进行实验。
验证你的假设。多做几次实验，看看是否每次实验的结果都一样。

收集和记录数据。
记录下你的发现。可以借助文字或图画。

说出你的结论。
观察实验结果，判断你的假设是否正确。讲一讲你的判断。

种子生长需要水。

无水

有水

深入研究。
利用所学的知识，提出新的问题或更好的实验方法。

提出问题
↓
做出假设
↓
设计一个公平实验
↓
进行实验
↓
收集和记录数据
↓
说出你的结论
↓
深入研究

科学工具

科学家们使用各种各样的工具。

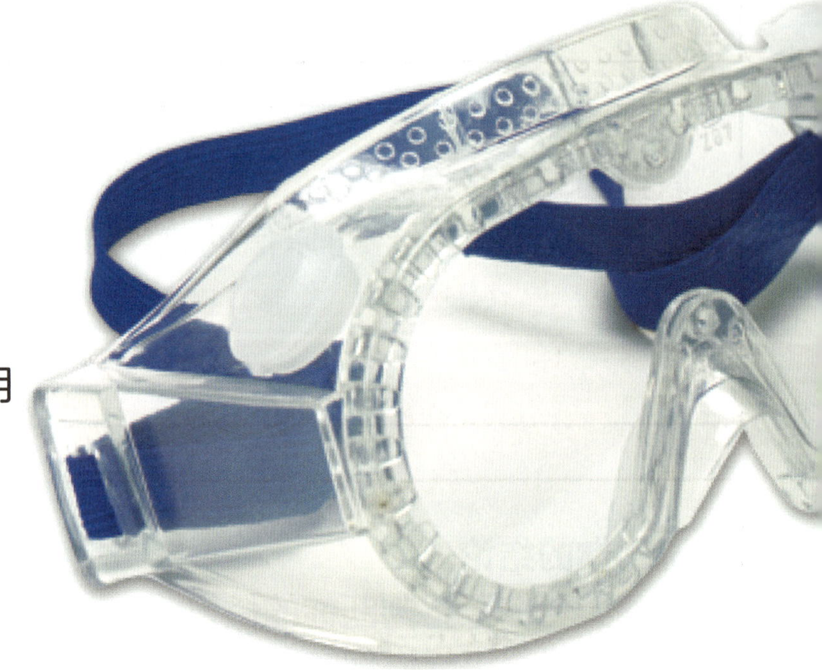

安全护目镜

安全护目镜可以用来保护眼睛。

手持放大镜

透过手持放大镜可以使物体看起来更大。

时钟

时钟用来测量时间。

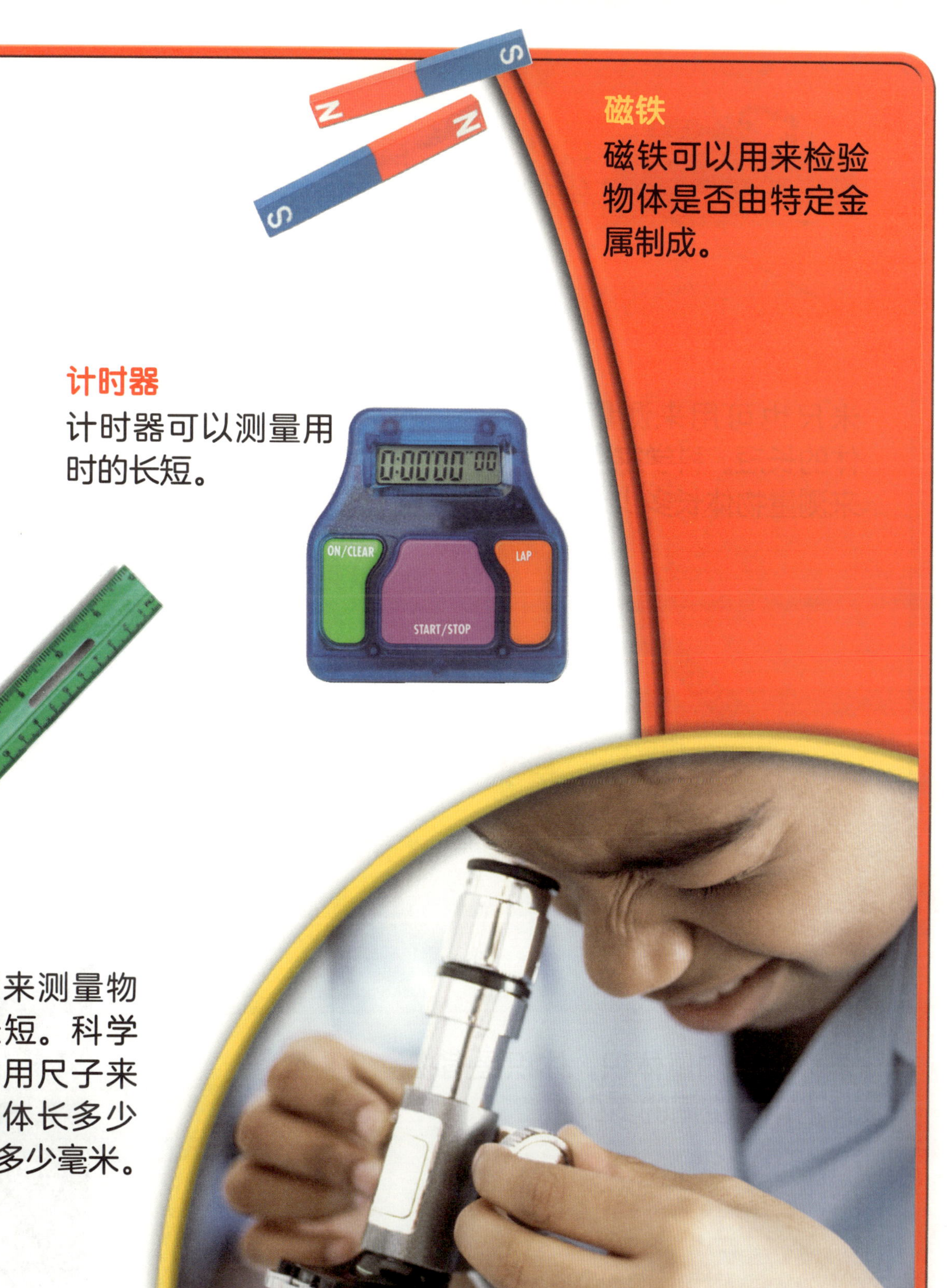

磁铁

磁铁可以用来检验物体是否由特定金属制成。

计时器

计时器可以测量用时的长短。

尺子

尺子用来测量物体的长短。科学家大多用尺子来测量物体长多少厘米或多少毫米。

科学工具

米尺

米尺也可用来测量物体的长短。科学家用它来测量物体长多少米。

天平

天平用来测量物体的质量。质量是指物体所包含的物质的量。科学家大多以克或千克作为质量的单位。

量杯

量杯用来测量体积，体积是指物体占用的空间的多少。

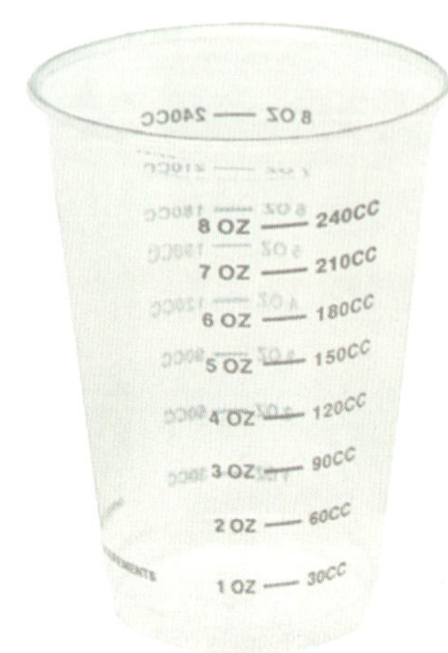

计算器

计算器可以做数字计算，比如加减。

温度计

温度计用来测量温度。温度升高时，温度计中的红线会上升；温度降低时，红线会下降。大多数的温度计同时设有摄氏和华氏刻度。科学家大多使用摄氏刻度。

电脑

可以用电脑登录专题网站来学习科学。网址：www.pearsonsuccessnet.com。

科学研究中的 安全问题

在科学活动中，一定要注意安全。下面的安全提示须谨记在心：

- 听从老师的指示。
- 除非老师要求，否则不要品尝物品或闻它们的气味。
- 需要的时候戴上安全护目镜。
- 小心使用剪刀及其他工具。
- 保持工作台的整洁。
- 如果有东西溢出，应立即清理。
- 如果发生事故或发现不安全的情况，立即向老师报告。
- 每次活动后好好洗手。

你将学习

- 白天和黑夜的天空中有什么。
- 地球、太阳、月球如何运动。

第一章　地球和太空
Chapter 1　Earth and Space

背景知识

地球的运动方式有哪些?

太阳系

星座

第一章
词汇

月相

实验园地

指导探究

探索 为什么会有白天和黑夜？

材料

海绵球

铅笔

圆形贴纸

蜡笔或记号笔

手电筒

做什么

1. **制作**一个地球的**模型**。

海绵球

红色圆形贴纸

小人儿

2. 用手电筒照射模型。

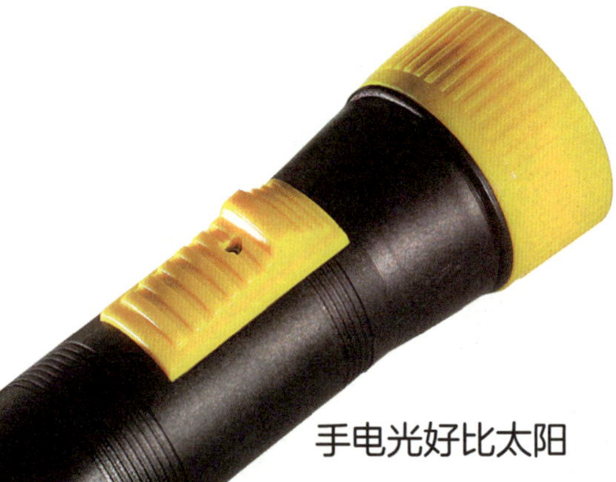

手电光好比太阳

3. 转动地球模型，观察小人儿的位置。

过程中的技巧

你可以借助地球和太阳的**模型**理解白天和黑夜的成因。

解释结果

你的地球**模型**如何展示了白天和黑夜？

如何阅读科学

阅读技巧

相同与不同

相同是指事物一样。不同是指事物不一样。

科学图片

白天和黑夜

运用

看图片，讲一讲白天和黑夜的相同和不同，可以借助**模型**。

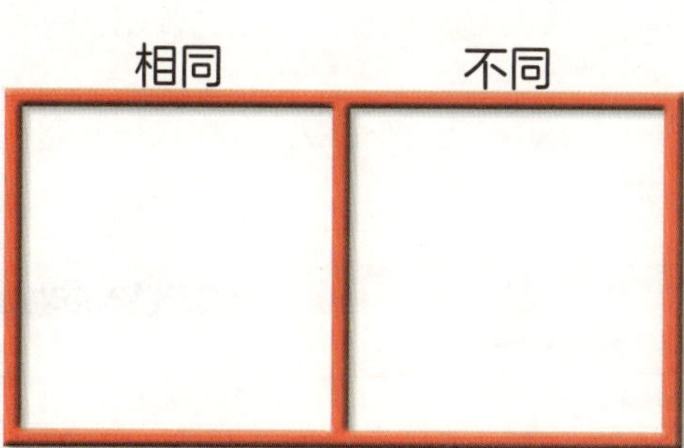

太阳

按照《一闪一闪小星星》（*Twinkle Twinkle Little Star*）的调唱这首歌

歌词：Gerri Brioso & Richard Freitas / The Dovetail Group, Inc.

In the sky's a great big star.
It's the Sun and it's real far!
The Sun lights up the sky so bright.
It also lights the Moon at night.
Heat and light come from the Sun
And that is needed by everyone!

浩瀚天宇一恒星。
太阳遥远不可及！
旭日当空万里晴。
点亮夜晚皎月明。
光华温暖造生灵。
世间万物皆相迎！

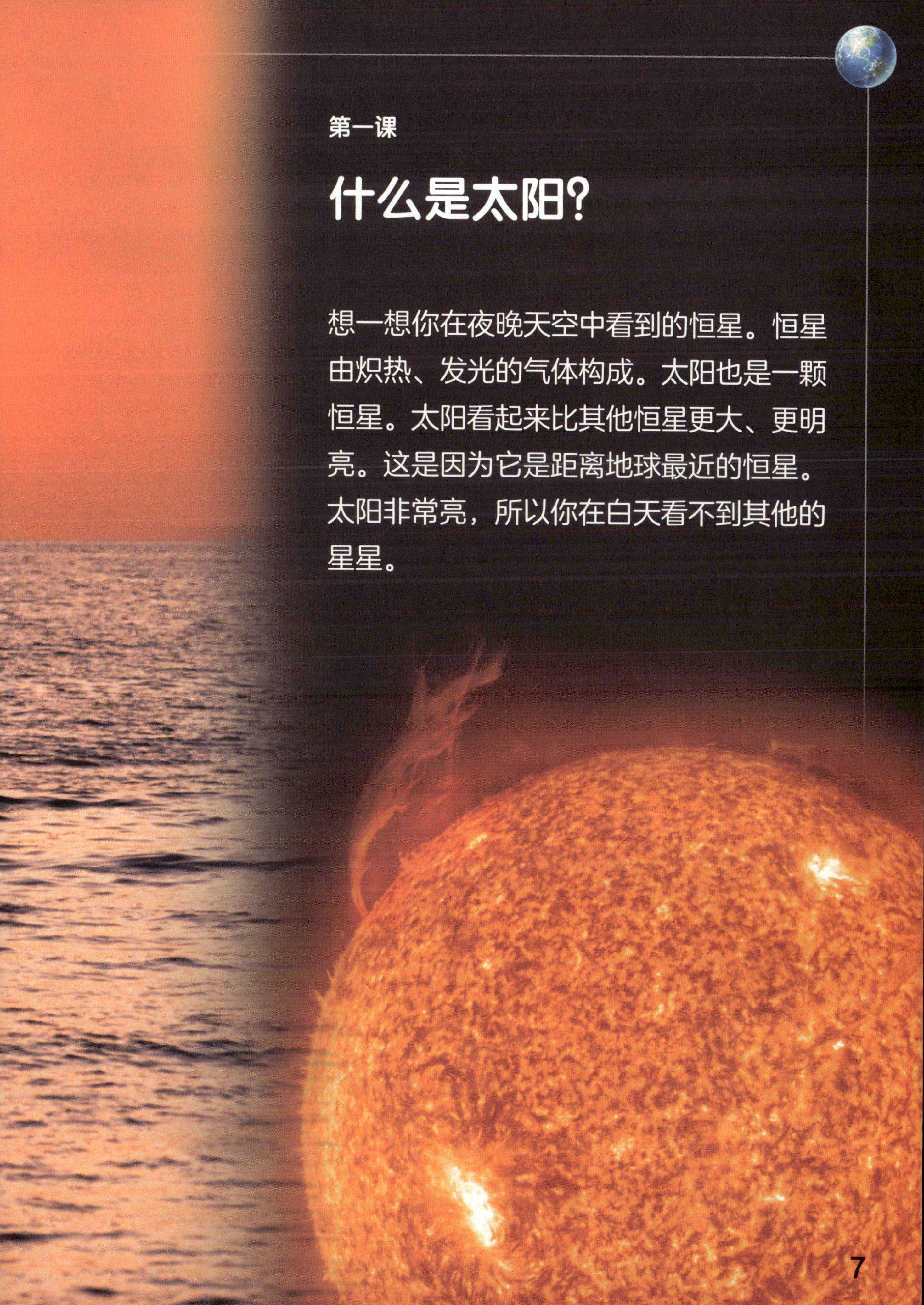

第一课

什么是太阳？

想一想你在夜晚天空中看到的恒星。恒星由炽热、发光的气体构成。太阳也是一颗恒星。太阳看起来比其他恒星更大、更明亮。这是因为它是距离地球最近的恒星。太阳非常亮，所以你在白天看不到其他的星星。

我们为什么需要太阳

太阳看起来很小，实际上却很大，比地球大得多。太阳看起来小是因为距离我们太远。

这是太阳在太空中的样子。

太阳对地球很重要。地球从太阳那里得到光和热。地球上的生物需要阳光和热量。地球上的人、植物和动物都是因为有了太阳才能生存。

本课检测点

1. 为什么说太阳对地球上的生物很重要？

2.  太阳和其他星体的**相同**和**不同**之处有哪些？

第二课

为什么会有白天和黑夜？

下图展示了一条穿过地球中心的假想线，这条线叫做**地轴**。地球总是绕着地轴旋转，这叫做**自转**。地球自转一周就是一天。

地球的自转形成了白天和黑夜。当你所在的半球面向太阳时，你所在的地方就是白天；当你所在的半球背对太阳时，你所在的地方就是黑夜。

本课检测点

1. 什么是地轴？

2. 科学写作 在**科学日记**上写两句话，讲一讲为什么地球的一侧是白天，而另一侧就是黑夜。

地球自转一周需要大约 24 小时。

天空中的太阳

白天，太阳看起来像是从天空中穿过。早晨，太阳看起来很低。中午，太阳就升得很高。傍晚，太阳又变低了。

日出

中午

太阳一直在发光。但有些时候我们很难看到太阳。

太阳并不是真的在天空中穿行。太阳看起来好像是在移动，而实际上是地球在运动。

日落

1. 为什么太阳看起来像是在天空中穿行？
2. 科学写作　在**科学日记**上写两句话，讲一讲你居住的地方今天日出和日落的时间。

第三课

为什么会有季节变换?

地球沿着地轴倾斜，并且倾斜的指向保持不变。

地球绕地轴自转，同时也沿着一个轨道绕太阳公转。**轨道**是指天体环绕另一天体运行的路线。

地球绕太阳转动一周需要一年的时间。由于地球的自转轴倾斜于其公转轨道面，从而形成了季节变换。

本课检测点

1. 季节形成的原因是什么?
2. 科学中的社会科学 看一下日历，哪天是夏季正式开始的第一天?

春季

春季，我们所在的半球开始朝太阳倾斜。

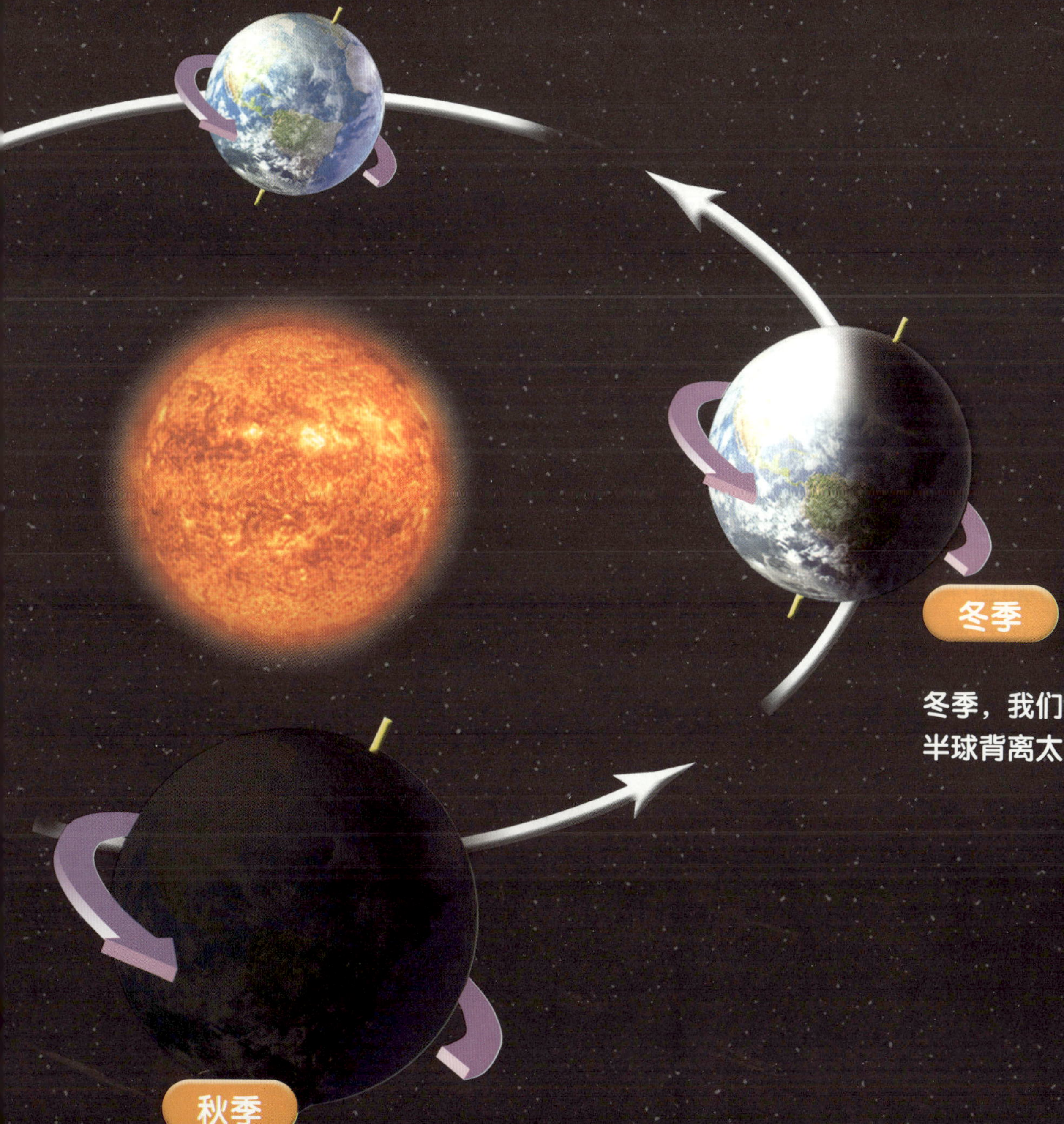

冬季

冬季，我们所在的半球背离太阳倾斜。

秋季

秋季，我们所在的半球开始背离太阳倾斜。

第四课

夜空中能看见什么?

夜晚的天空中你可以看见许多星星。夜空中的星星看起来很小，是因为距离我们太远了。有时天上看起来有多得数不尽的星星！

很久以前，人们认为他们看到了星群的模式，想象着用线条将它们连成图案。连成图案的一群恒星就叫做**星座**。

这个星座看起来像一只狮子，被称为狮子座。

本课检测点

1. 什么是星座?
2. 科学中的技术 使用什么工具能更清楚地看见夜晚的星星?

请看这两个星座，它们分别被称为北斗七星和小北斗七星。

月亮

夜空中你还可以看到月亮。月亮是夜晚天空中最大最亮的天体。

月球上有山脉，也有很深的陨坑。**陨坑**是指月球表面碗状的坑，是太空中的巨石撞击月球而形成的。

本课检测点

1. 月球上的陨坑是如何形成的？

2. 科学中的艺术 用粉笔和黑纸画一画晴朗的夜空。

第五课

为什么月亮看起来会变化?

月球也像地球一样自转。月球绕着地球公转。地球绕太阳转动时，月球也绕地球转动。月球绕地球公转一周大约需要四个星期。

月相

月球自身不会发光，但会反射太阳光。你只能看见月球被太阳照射到的那一部分。

月球的形状似乎也在变化。有时看起来很圆，有时只能看到很小的一部分，有时候又根本看不到。月球表面发亮部分的形状就叫做**月相**。

月亮是夜晚天空中最大最亮的天体。

本课检测点

1. 我们为什么能看见月亮？

2. 科学中的数学　月球绕地球公转三周需要多长时间？

第六课

什么是太阳系？

地球是一颗行星。地球绕太阳公转，其他行星也绕着太阳公转。行星和它们的卫星以及其他围绕着太阳转动的天体组成了**太阳系**。

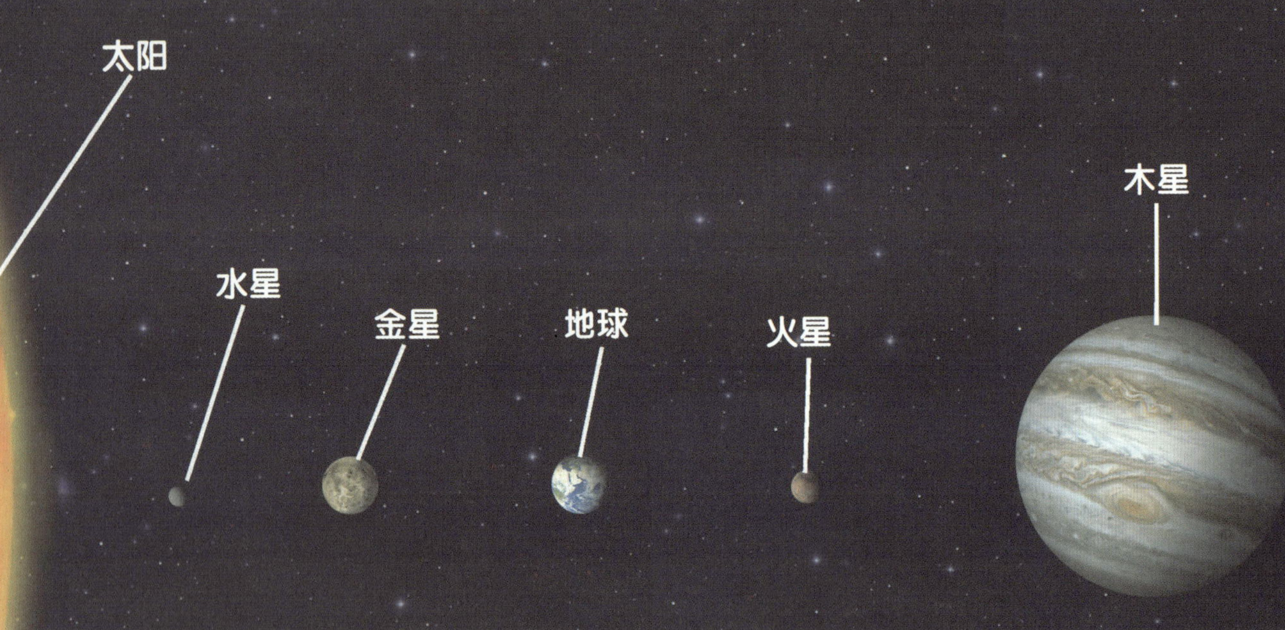

太阳是太阳系的中心。太阳系中的所有天体都环绕太阳运行。数一数其他环绕太阳运行的行星，你能数出多少呢？

本课检测点

1. 什么是太阳系的中心？
2. 看一看这些行星，它们有什么**相同**和**不同**之处。

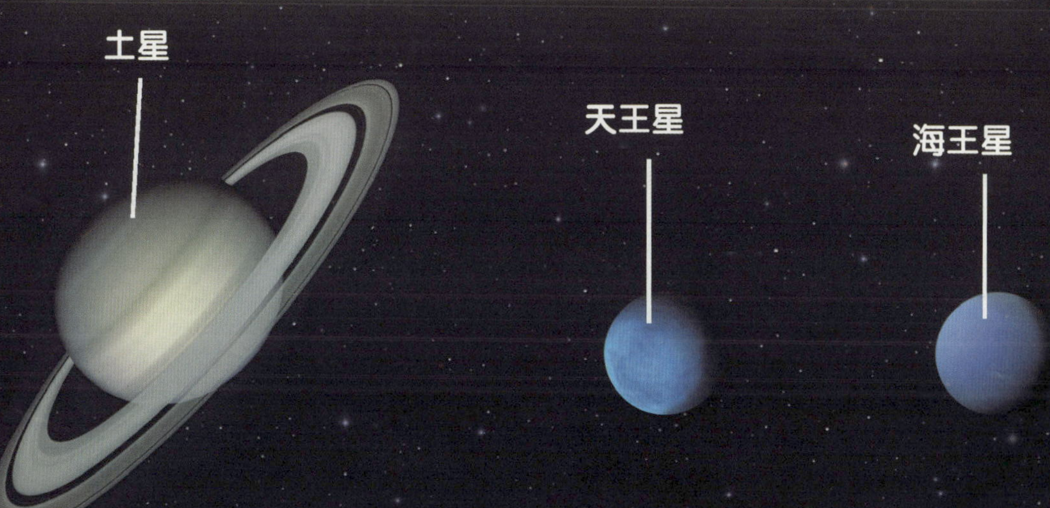

实验园地

引导探究

研究 怎样制作一个星座模型？

材料

安全护目镜

铅笔

黑纸

手电筒

做什么

1. 制作一个星座的**模型**。用铅笔在纸上戳几个小孔。

2. 关掉房间的灯，把纸拿到墙边。

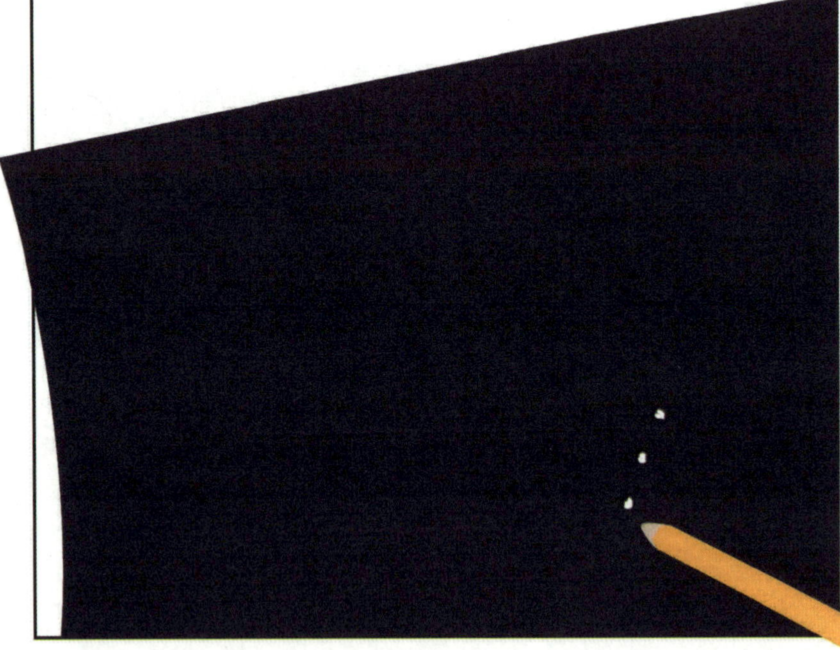

过程中的技巧

利用你所学到的知识给星座**下定义**。

3 让你的同伴用手电筒对着纸上的洞照射，**观察**手电筒的光在墙上形成的图案，这就是你的星座模型。

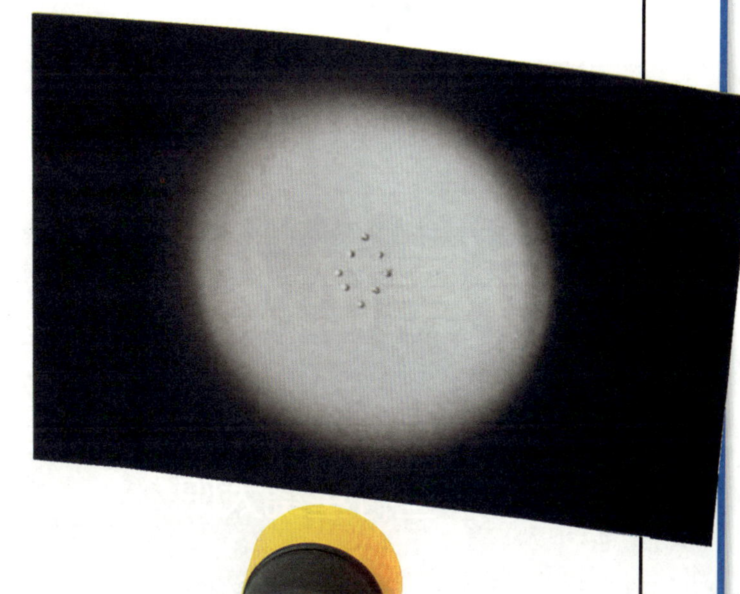

4 把你的星座模型画下来并给它命名。

我的星座模型

解释结果

1. 讲一讲你的星座模型。你的星座模型和真正的星座有何相似之处？又有何不同？
2. 给星座**下一个定义。**

深入研究

还可以怎样制作星座的模型？研究并给出你的答案。

行星的公转

每个行星绕太阳公转一周所需的时间不同，下表展示了一些行星绕太阳公转一周所需的时间。

水星　金星　地球　火星

木星

行星	公转时间
地球	365 天
水星	88 天
金星	225 天
火星	687 天

1. 下列行星中哪一个绕太阳转一周所需时间最长？
2. 下列行星中哪一个绕太阳转一周所需时间最短？
3. 将下面的行星按照绕太阳转一周所需时间，由短到长排序。

土星

天王星　海王星

实验园地

家庭活动

跟家人一起，查一查每个行星绕太阳公转一周所需的时间，可以借助网络或其他资源。

第一章回顾与备考

词汇

图片与词配对。

1. 地轴。
2. 陨坑。
3. 星座。
4. 轨道。
5. 月相。
6. 自转。
7. 太阳系。

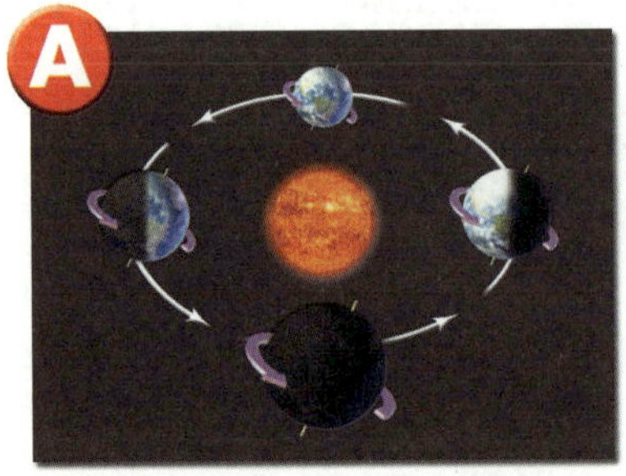

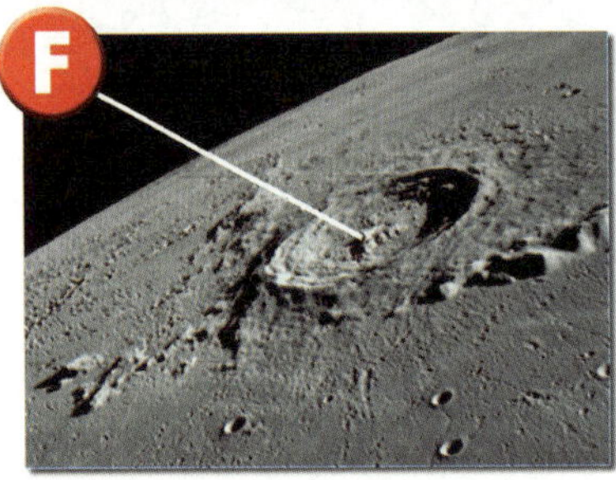

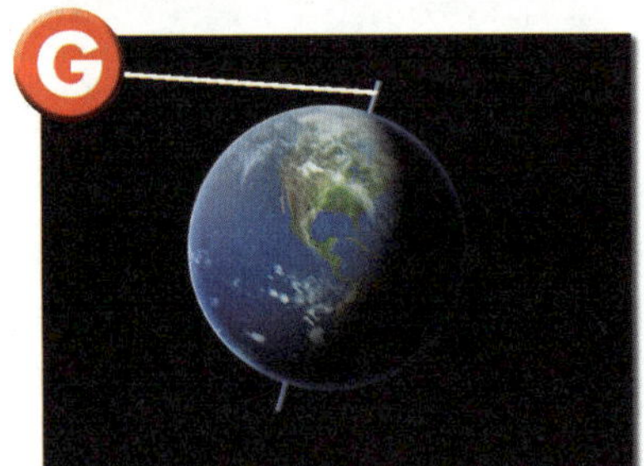

你学到了什么？

8. 地球自转引起了什么现象？
9. 为什么白天能看到的恒星只有太阳？

过程中的技巧

10. 交流 讲一讲为什么白天会有光。

相同与不同

11. 讲一讲太阳和月亮的**相同**和**不同**之处。

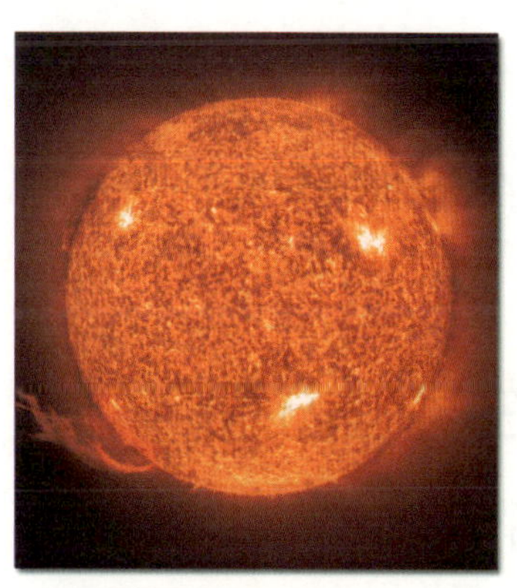

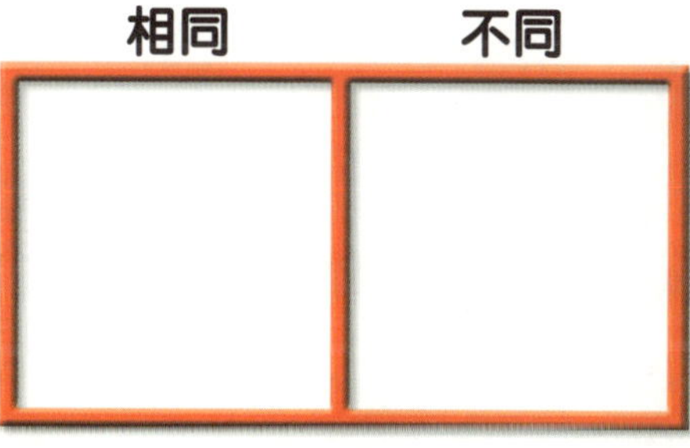

备考

把正确答案旁边的圆圈涂黑。

12. 下面哪一项距地球最近？

Ⓐ 太阳　　Ⓑ 北斗七星

Ⓒ 月球　　Ⓓ 狮子座

13. **科学写作** 描述一下，如果绕太阳系旅行一周，你会看到什么？

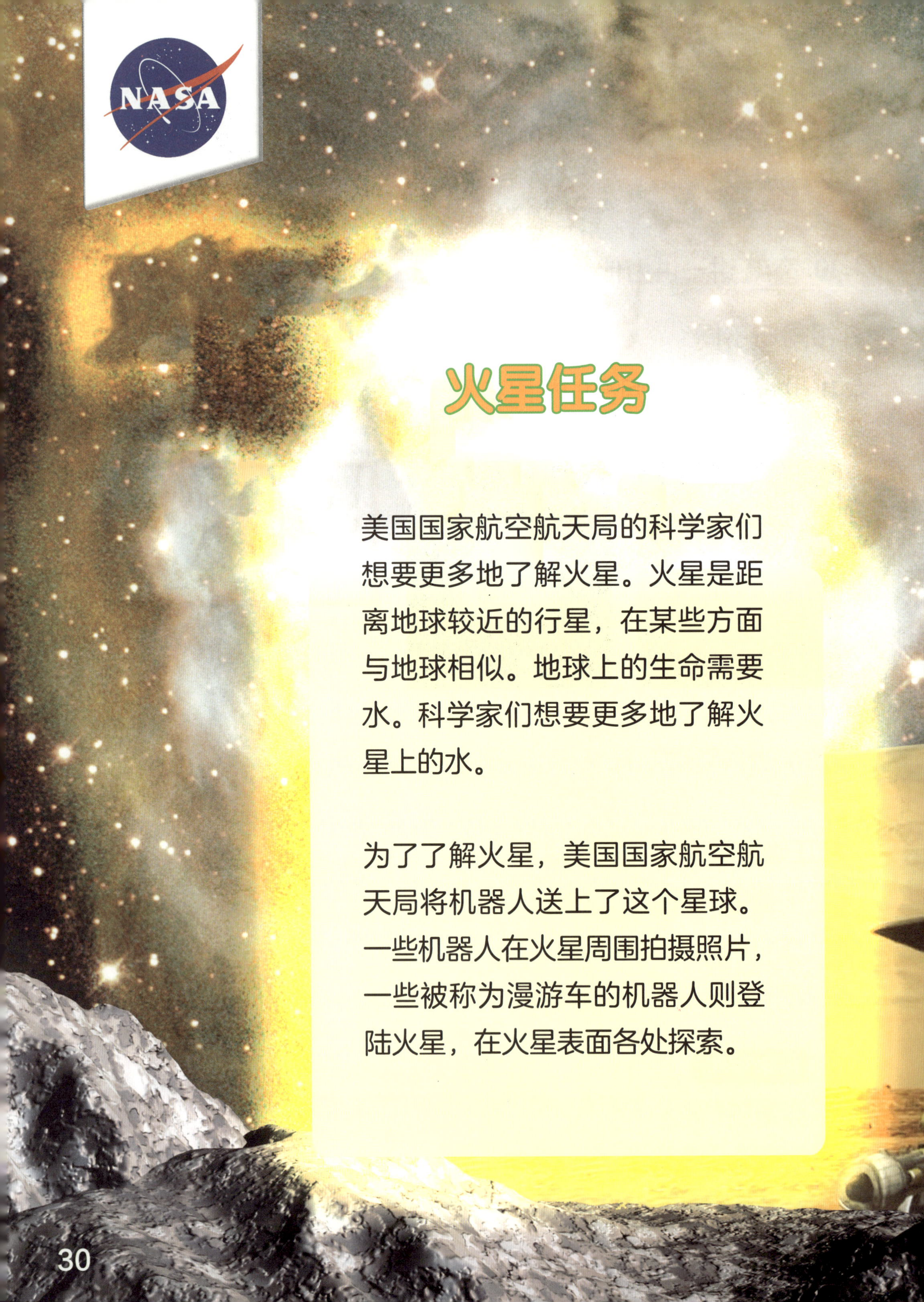

火星任务

美国国家航空航天局的科学家们想要更多地了解火星。火星是距离地球较近的行星，在某些方面与地球相似。地球上的生命需要水。科学家们想要更多地了解火星上的水。

为了了解火星，美国国家航空航天局将机器人送上了这个星球。一些机器人在火星周围拍摄照片，一些被称为漫游车的机器人则登陆火星，在火星表面各处探索。

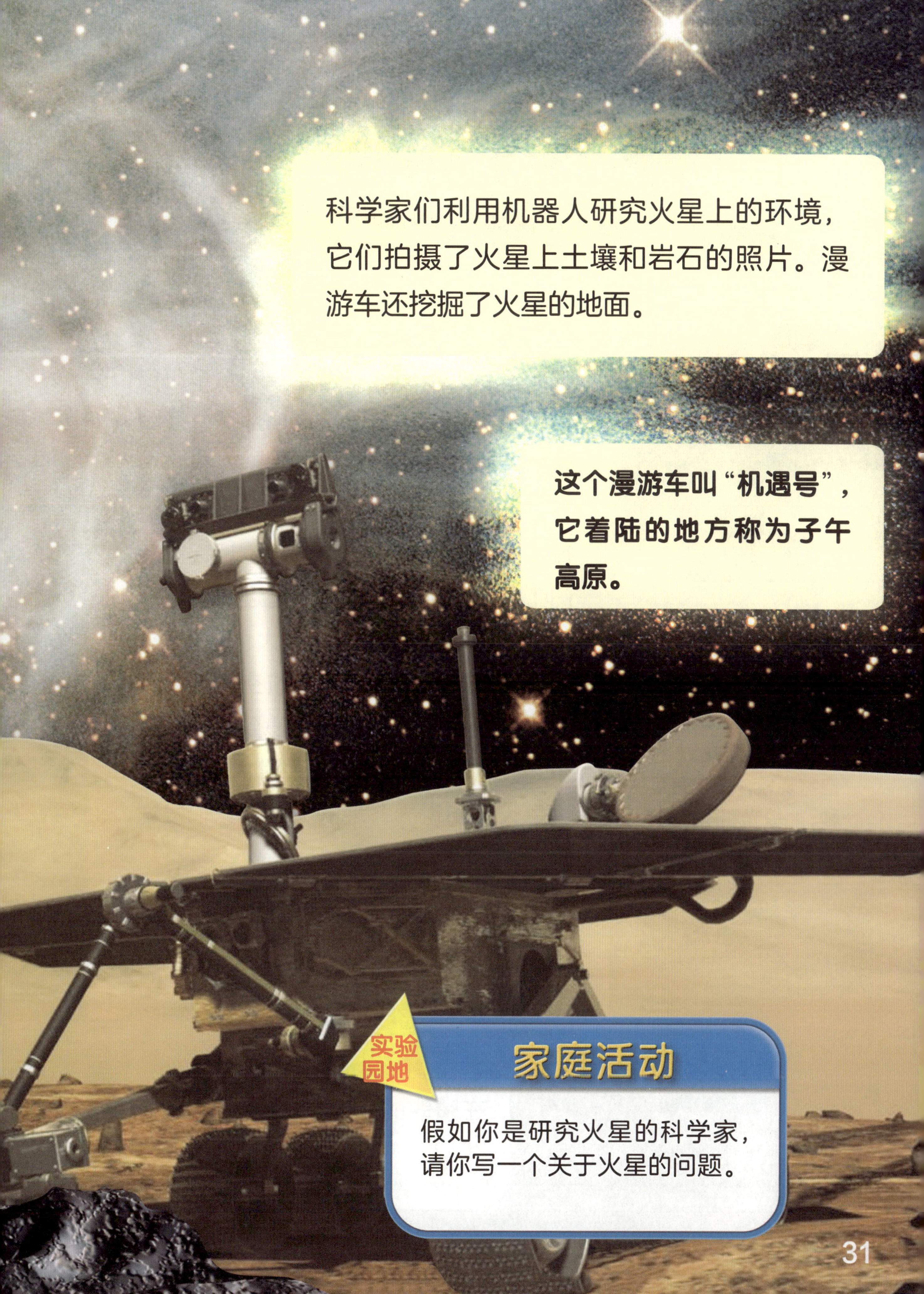

科学家们利用机器人研究火星上的环境，它们拍摄了火星上土壤和岩石的照片。漫游车还挖掘了火星的地面。

这个漫游车叫“机遇号”，它着陆的地方称为子午高原。

实验园地

家庭活动

假如你是研究火星的科学家，请你写一个关于火星的问题。

职业

天文学家

劳拉·佩蒂克拉斯是美国国家航空航天局的天文学家。她研究的是一种叫做**极光**的自然现象，极光有两种，北极光和南极光。

一起读

你有没有在夜晚观察过星星？从事研究太阳等恒星、行星以及其他地球之外事物的人被称为天文学家。

很多天文学家使用一种叫做望远镜的专门工具观察遥远的太空，望远镜可以让遥远的物体看起来更近、更大、更明亮。为了研究宇宙，美国国家航空航天局的科学家们发射了许多望远镜到太空，其中之一就是哈勃太空望远镜。这架望远镜每天都向世界各地的天文学家们发送信息。

实验园地

家庭活动

在晴朗的夜晚跟家人一起到户外，仰望夜空。写下你的所见。

第二章 世界上的技术
Chapter 2 Technology in Our World

你将学习

- 技术如何改变了我们生活的世界。
- 我们日常使用技术的方式。

背景知识

技术如何帮助人们？

第二章
词汇

运输

制造

手工或机器制作。

实验园地

指导探究

探索 怎样移动小球？

材料

金属小球

书

杯子

铅笔

尺子

磁铁

勺子

做什么

1. 把小球放到书上，把杯子放在距书25 厘米远的位置。

2. 解决以下问题。
利用工具，把小球放进杯子。

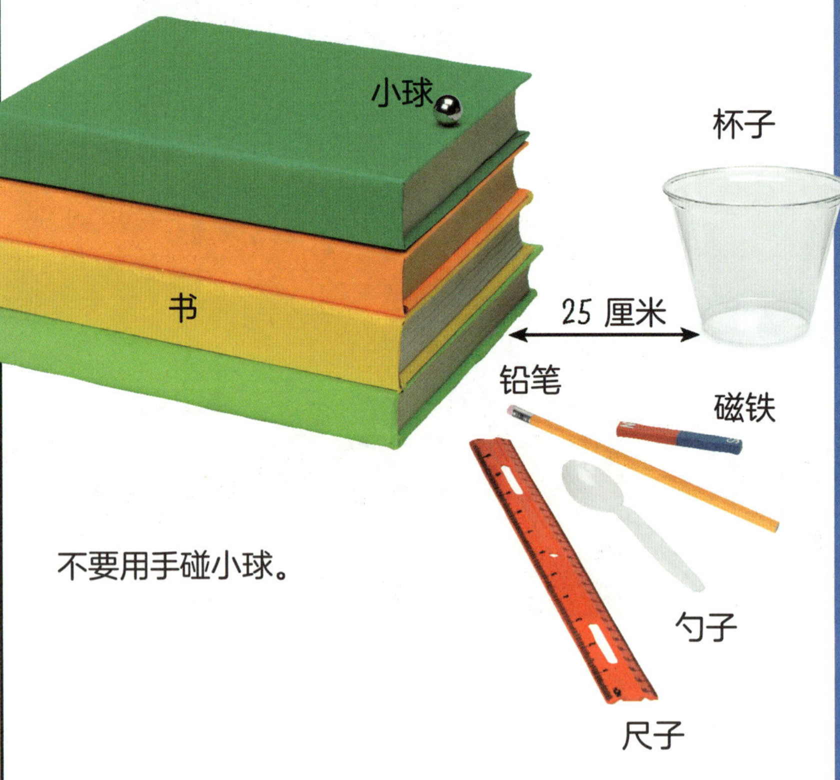

不要用手碰小球。

过程中的技巧

交流时你可以讲一讲如何移动小球。

解释结果

交流 讲一讲你是如何解决问题的。

如何阅读科学

阅读技巧

复述

复述就是用你自己的话讲述你学到的知识。

科学文章

自行车

第一辆自行车是 1817 年发明的。骑车人用双脚用力蹬地才能使车移动。1893 年自行车加上了踏板，骑车人的双脚在骑行时可以离开地面。

运用

交流 说说你对自行车的了解。

复述

技术帮助我们大家

按照《宾果》（*Bingo*）的调唱这首歌

歌词：Gerri Brioso & Richard Freitas / The Dovetail Group, Inc.

Technology now helps us all
In lots of different ways. It
Helps us travel fast,
Helps us travel far,
Helps us travel safe,
In cars, and trains and airplanes.

技术如今用很多方式帮助我们大家，
它改变出行，
让我们更快，
让我们更远，
让我们更安全，
乘坐汽车、火车和飞机。

第一课

什么是技术?

人们乘坐汽车，使用电脑，能够做这些，都是因为技术。**技术**就是利用科学帮助我们解决问题。

有时人们也利用技术进行发明。**发明**就是第一次做出某物。

发明的东西可能是我们需要的，也可能是我们想要的。很多人需要汽车去长途旅行，也有些人想要玩电脑游戏。

运输的变化

技术改变了交通运输方式。**运输**就是将人或物从一个地方送到另一个地方。今天，人们的出行比从前更远更快。

有些运输工具有发动机。**发动机**是一种能够做功或者说使物体移动的机器。很久以前，人们用蒸汽发动机驱动火车和轮船。今天，汽车、火车、轮船都配备了燃油或电动发动机。

技术帮助人们出行。安全带和安全气囊增强了汽车的安全性。飞机比以前更快。

人们利用技术解决问题。汽油会造成污染。人们发明了使用汽油和电力混合动力的新型汽车，有助于减少污染。

本课检测点

1. 技术如何改变了运输方式?
2. 科学写作 在**科学日记**上写一句话，讲讲能够帮助你的一些发明。

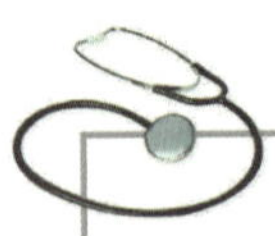

第二课

技术怎样帮助我们?

技术可以帮助人们保持健康。人们应用技术制造了疫苗。**疫苗**是一种能够帮助预防疾病的药物。

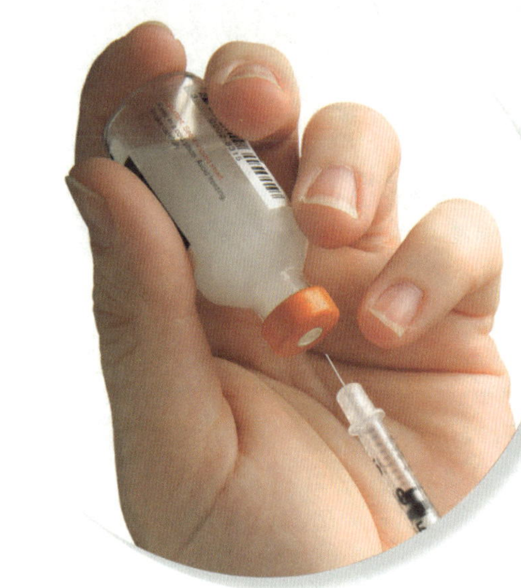

疫苗

医生们用技术帮助人们。眼镜和隐形眼镜可以帮助人们看得更清楚，助听器可以帮助人们听得更清楚，假肢让一些人能够走路。

眼镜

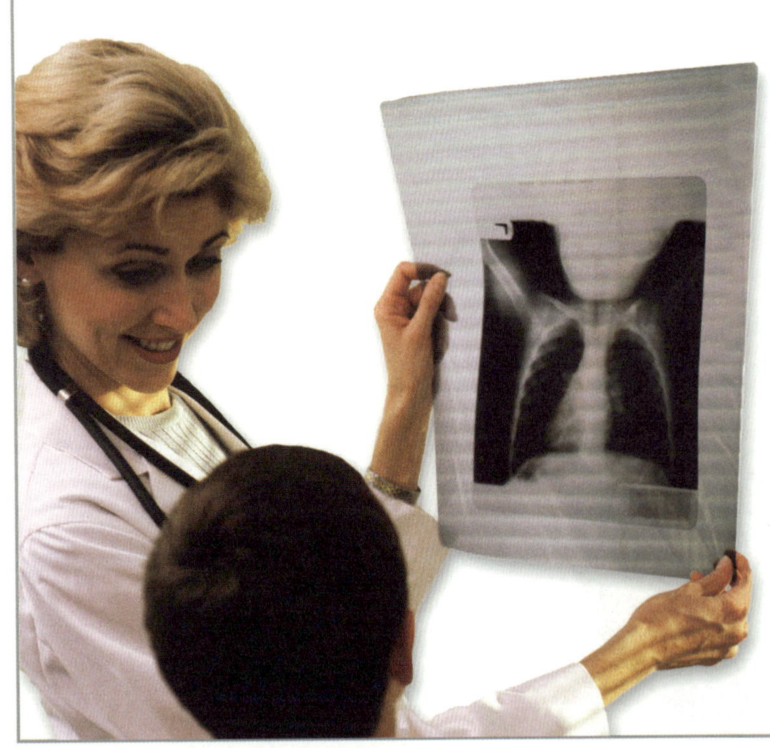

医生用 X 光帮这个男孩恢复健康。

这是一张磁共振成像的图片。

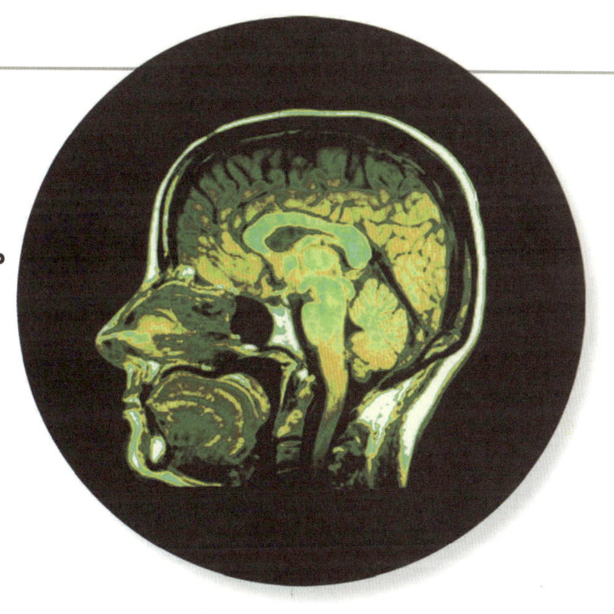

技术帮助医生发现人们生病的原因。X光、电脑断层扫描(CAT)、磁共振成像(MRI)都是医生用来检查人们身体内部的工具。医生知道了问题所在，才能帮助病人康复。

这个人在假肢的帮助下可以骑自行车。

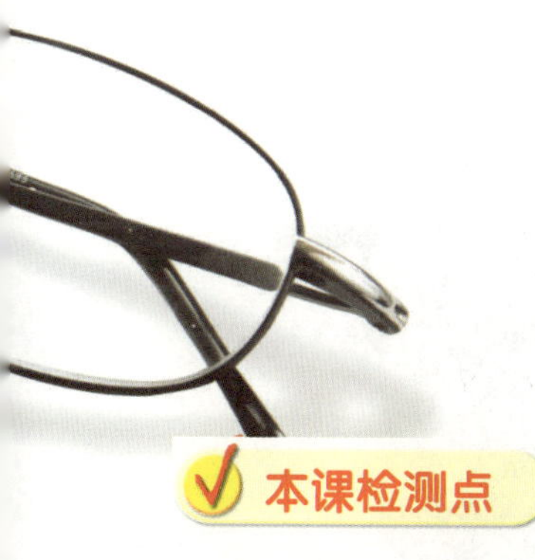

本课检测点

1. 技术帮助人们的方式有哪些?

2. **复述** 医生借助哪些工具来检查人的身体内部?

第三课

我们如何利用技术进行交流？

你与朋友有哪些交流方式？这些年来，运用技术交流的方式发生了很多变化。

很早以前，电话是挂在墙上的，而今天的电话却可以随身携带，比以前小了很多。

这是 1879 年的电话。

最早的电脑很大，也很重。如今的电脑比早期的电脑小很多，运行速度更快，操作也更简单。

第一台电脑发明于 1946 年，有一间房子那么大。

本课检测点

1. 技术如何改变了人们的交流方式？

2. 科学中的数学 早期电话机有些高约 46 厘米，今天，有的电话只有约 9 厘米高，老式电话比新式电话高多少？

第四课

我们还有哪些利用技术的方式？

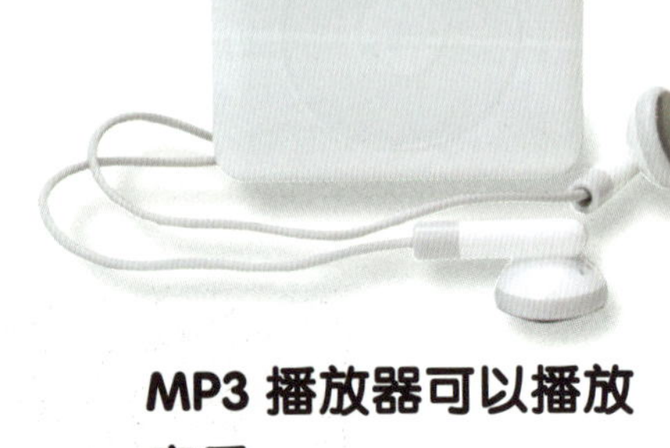

MP3 播放器可以播放音乐。

技术改变了人们的娱乐方式。人们听光盘上的音乐，用电脑玩游戏。

技术也使我们的生活更轻松。人们用魔术贴来粘连物品，用计算器做算术。

一些吉他可以通过电来调节音量大小。

技术也能帮助人们的工作，**气象学家**是专门研究天气的人。气象学家通过研究卫星拍摄的照片预测天气。**卫星**是围绕着另一个天体转动的物体。

人造卫星将有关天气的信息发送回地球。

气象学家接收人造卫星传送回来的天气信息。

本课检测点

1. 气象学家如何使用人造卫星传送回来的信息？

2. 科学写作 在**科学日记**上写一句话，讲一讲你利用技术的三种方式。

第五课

人们如何制造东西?

人们制造日常用品。**制造**就是手工或机器制作。外套和自行车就是被制造出来的。

这件外套部分采用了天然材料。

制造物品时会使用不同种类的材料，其中一些材料来自大自然。这件外套的主要材料是羊毛，扣子是用木料做的。

有些材料是人造的。这辆自行车的车座用塑料制成，轮胎用橡胶制成。塑料和橡胶是人造材料。

这辆自行车用的是人造材料。

本课检测点

1. 在学校你使用了哪些被制造出来的物品？

2. **复述** 生产一辆自行车要使用哪些材料？

实验园地 引导探究

研究 如何制作一个迷宫？

材料

安全护目镜

弹珠

硬纸板

纸管

盒子

胶带和剪刀

做什么

1. 如何做一个迷宫，让弹珠可以走出来？设计一下，画出来。
2. 把纸管用胶带粘到纸板上。
3. **预测** 你做的迷宫能成功吗？
4. 测试你的迷宫。**观察**弹珠。调整纸管的位置，让迷宫更加合理。

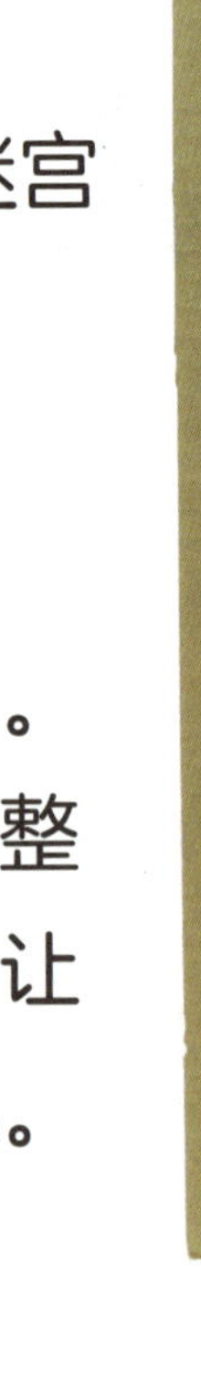

过程中的技巧

预测就是说出你认为将要发生什么。

5 再测试两次你的迷宫。

你的迷宫可能看起来像这样。

测试迷宫	
测试	弹珠能否走出迷宫?
1	
2	
3	

一定要戴上安全护目镜。

解释结果

交流 讲一讲迷宫的各个部件怎样协同工作。

深入研究

弹珠是否有其他移动方式? 试试找出答案。

学校里的技术

在你的学校里四处看看。你能找到多少帮助人们交流的工具？能找到多少帮助人们从一个地方移动到另一个地方的工具？在下表中举例说明。

学校里的技术

交流	运输

1. 数一数每栏中的例子。
2. 比较你找到的例子的数量，用“<”“>”或“=”表示。

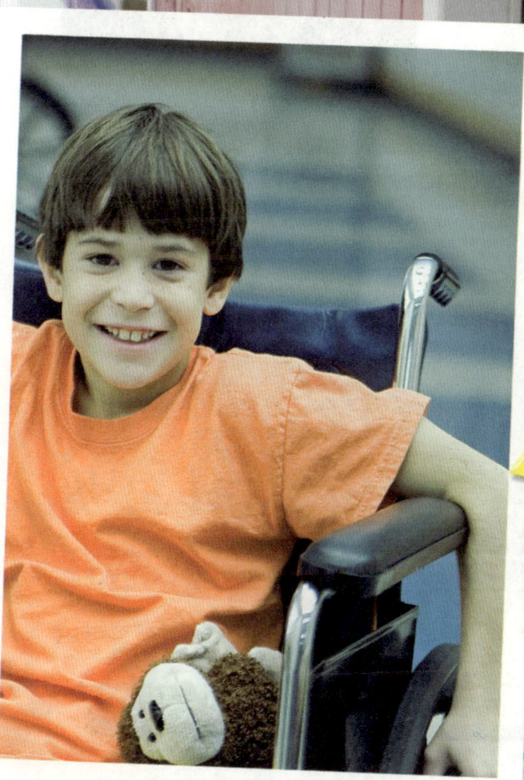

实验园地

家庭活动

在你家周围找一找利用技术的方式。仿照“学校里的技术”表格列一张表。

第二章回顾与备考

词汇

图片与词配对。

1. 发动机。
2. 疫苗。
3. 卫星。
4. 气象学家。

A

B

C
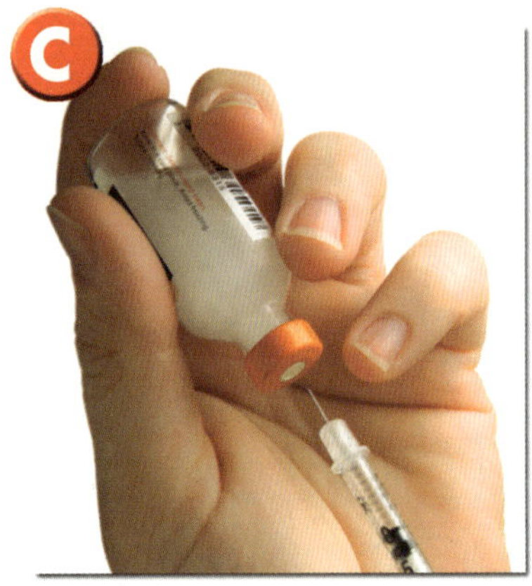

D

你学到了什么?

5. 什么是技术?
6. 说出两种日常生活中利用技术的方式。
7. 技术如何改变交流方式?

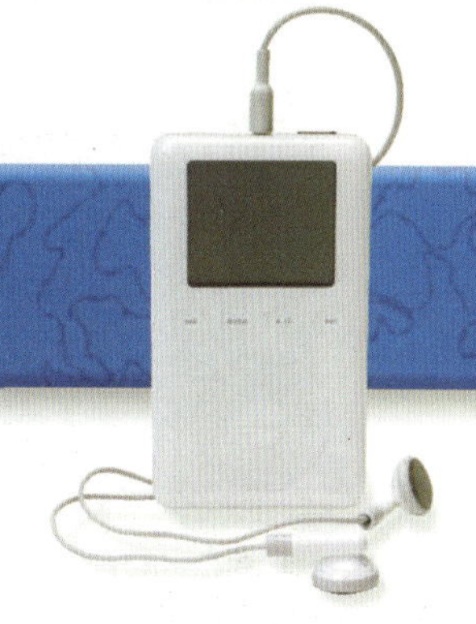

过程中的技巧

8. **推断** 人们为什么要发明新事物？

复述

9. 讲一讲你对牙刷的了解。

最早的牙刷发明于 15 世纪，那时的牙刷刷毛是用动物的毛发做的。最早的电动牙刷发明于 1960 年。今天，牙刷刷毛是由尼龙制成的。

备考

把正确答案旁边的圆圈涂黑。

10. 围绕着另一个物体转动的物体是什么？

Ⓐ 发动机　Ⓑ 疫苗
Ⓒ 卫星　Ⓓ 魔术贴

11. **科学写作** 列举人们利用技术的方式。

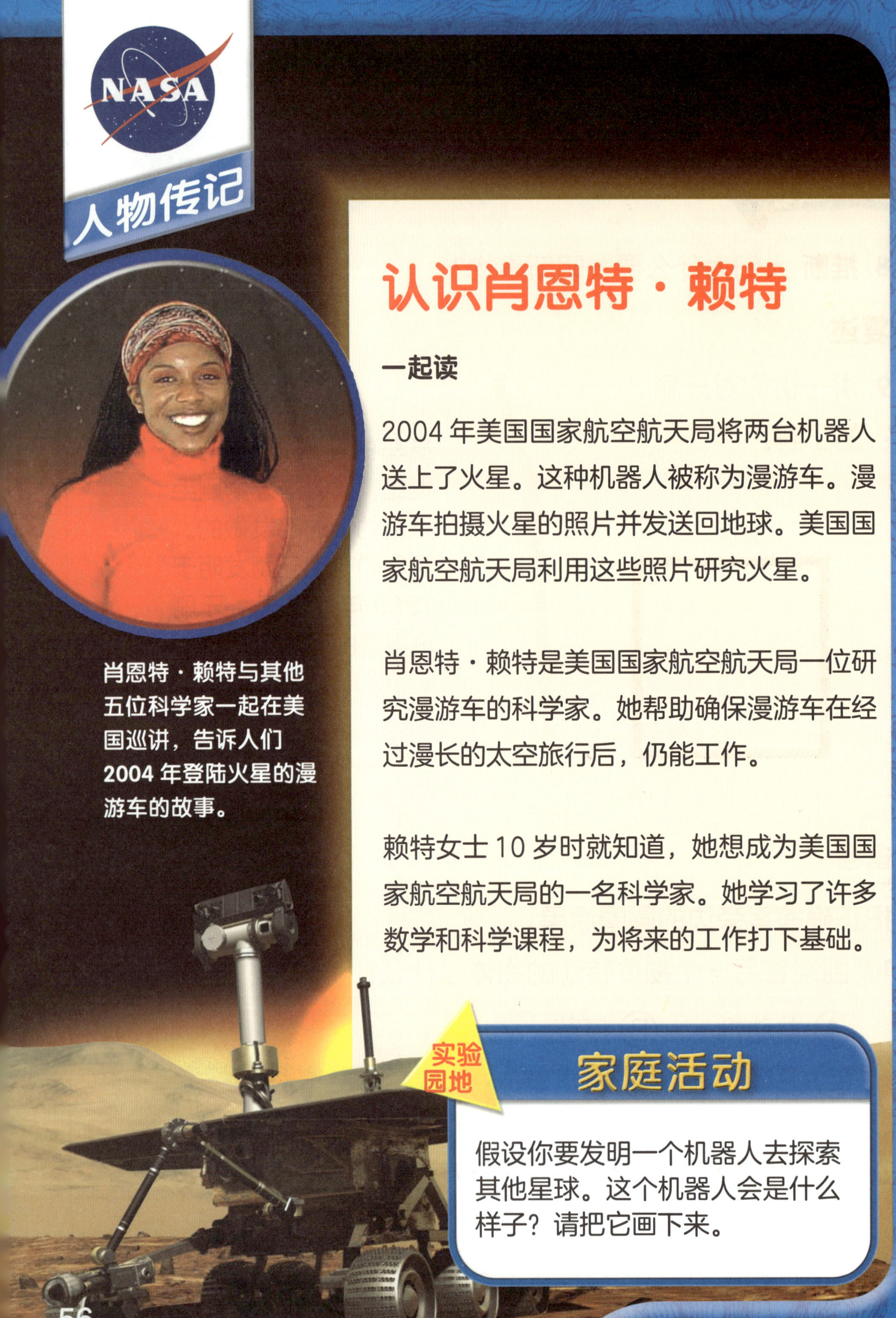

肖恩特·赖特与其他五位科学家一起在美国巡讲，告诉人们 2004 年登陆火星的漫游车的故事。

认识肖恩特·赖特

一起读

2004 年美国国家航空航天局将两台机器人送上了火星。这种机器人被称为漫游车。漫游车拍摄火星的照片并发送回地球。美国国家航空航天局利用这些照片研究火星。

肖恩特·赖特是美国国家航空航天局一位研究漫游车的科学家。她帮助确保漫游车在经过漫长的太空旅行后，仍能工作。

赖特女士 10 岁时就知道，她想成为美国国家航空航天局的一名科学家。她学习了许多数学和科学课程，为将来的工作打下基础。

实验园地

家庭活动

假设你要发明一个机器人去探索其他星球。这个机器人会是什么样子？请把它画下来。

考试策略

- 找到关键词
- 选择正确的答案
- 利用文本和图表中的信息
- 写下答案

写下答案

你可以写下科学问题的答案，答案应该简洁完整。

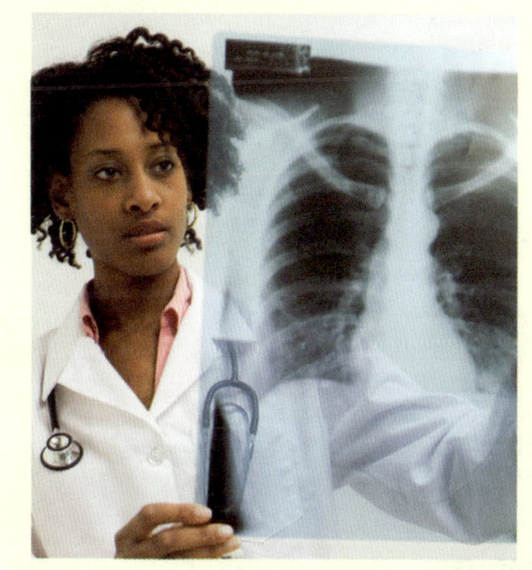

X光

人们生病或受伤时，医生会利用技术帮助诊断。他们使用X光、电脑断层扫描，或磁共振成像检查身体内部。最重要的是，这些机器不会对身体造成伤害！

阅读问题，查看文本。

医生为什么要采用 X 光或电脑断层扫描技术？

哪些词能帮助你写出答案？写下你的答案。

整理

第一章

地球的运动方式有哪些?

- 地球总是绕着地轴自转。
- 地球沿着轨道绕太阳公转。

第二章

技术帮助人们?

- 技术帮助人们旅行、交流和制造物品。
- 医生利用技术帮助人们恢复健康。

表现评估

制作一张技术拼贴画

- 找一些人们利用技术进行交流的图片。
- 裁剪图片。
- 制作一张拼贴画。
- 讲述你找的这些图片。

阅读更多的太空与技术书籍！

在图书馆寻找相关图书来阅读。

实验园地 完全探究

实验 哪种纸巾最结实?

纸巾有的结实，有的不结实。做实验，找出哪种纸巾最结实。能够承受水量最多的纸巾最结实。

材料

三张纸巾

罐子和橡皮筋

滴管和装有水的杯子

弹珠

天平

砝码

过程中的技巧

利用图表记录数据就是在**收集数据**。

提出问题。

越贵的纸巾越结实吗?

做出假设。

价格最贵的纸巾就是最结实的。

设计一个公平实验。

将三张不同品牌的纸巾，分别用相同量的水浸湿。

进行实验。

1. 取一张纸巾蒙在罐子上，用橡皮筋扎住。
2. 将水一滴一滴地滴到纸巾上，共 30 滴。

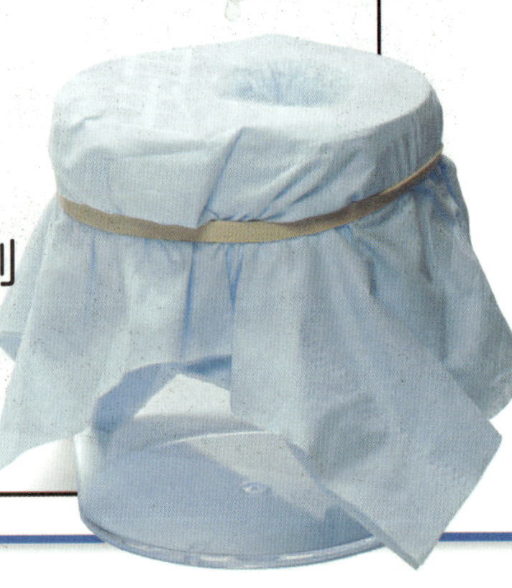

3 小心地将弹珠一颗一颗地放到纸巾上。

4 数一数一共放了几颗弹珠纸巾才破。

5 用天平**称一称**弹珠的质量。

6 用其他纸巾重复上述步骤。

收集和记录数据

纸巾价格	弹珠的数量	总质量
最贵		
中等		
最便宜		

说出你的结论。

哪种纸巾最结实？

深入研究

假如你用的水少一点，结果会怎样？试一试，找出答案。

结尾小诗

夜晚的星星

Bright stars in the black night sky,
Cannot help catching your eye.
The number of stars is so great,
How do people keep stars straight?

黑夜中闪亮的星，
迷惑了你的眼睛。
天上繁星如此之多，
人们如何分辨得清？

Here's a way——people long ago,
Gazed at the sky from far below,
They looked for patterns and wrote them down,
Like Little Horse and Northern Crown.

So when you see the stars above,
You might search for Great Bear and Dove,

这儿有一个方法——很久以前，
人们凝望着遥远的天空，
寻找图案，记录下来，
像小马座和北冕座。

所以，当你抬头看到天上的星星，
也可以找一找，大熊座，天鸽星座。

科学节项目

完全探究

使用科学方法

1. 提出问题。
2. 做出假设。
3. 设计一个公平实验。
4. 进行实验。
5. 收集并记录数据。
6. 说出你的结论。
7. 深入研究。

想法 1

月相

制定一个计划，观察一个月里月亮每天的形状。

想法 2

改进飞行

设计一个计划，弄清改变桨叶的大小能否改进直升机的飞行。

公制度量与习惯度量

科学上使用公制度量系统来测量事物。公制度量在全世界通用。公制度量和习惯度量的对比如下。

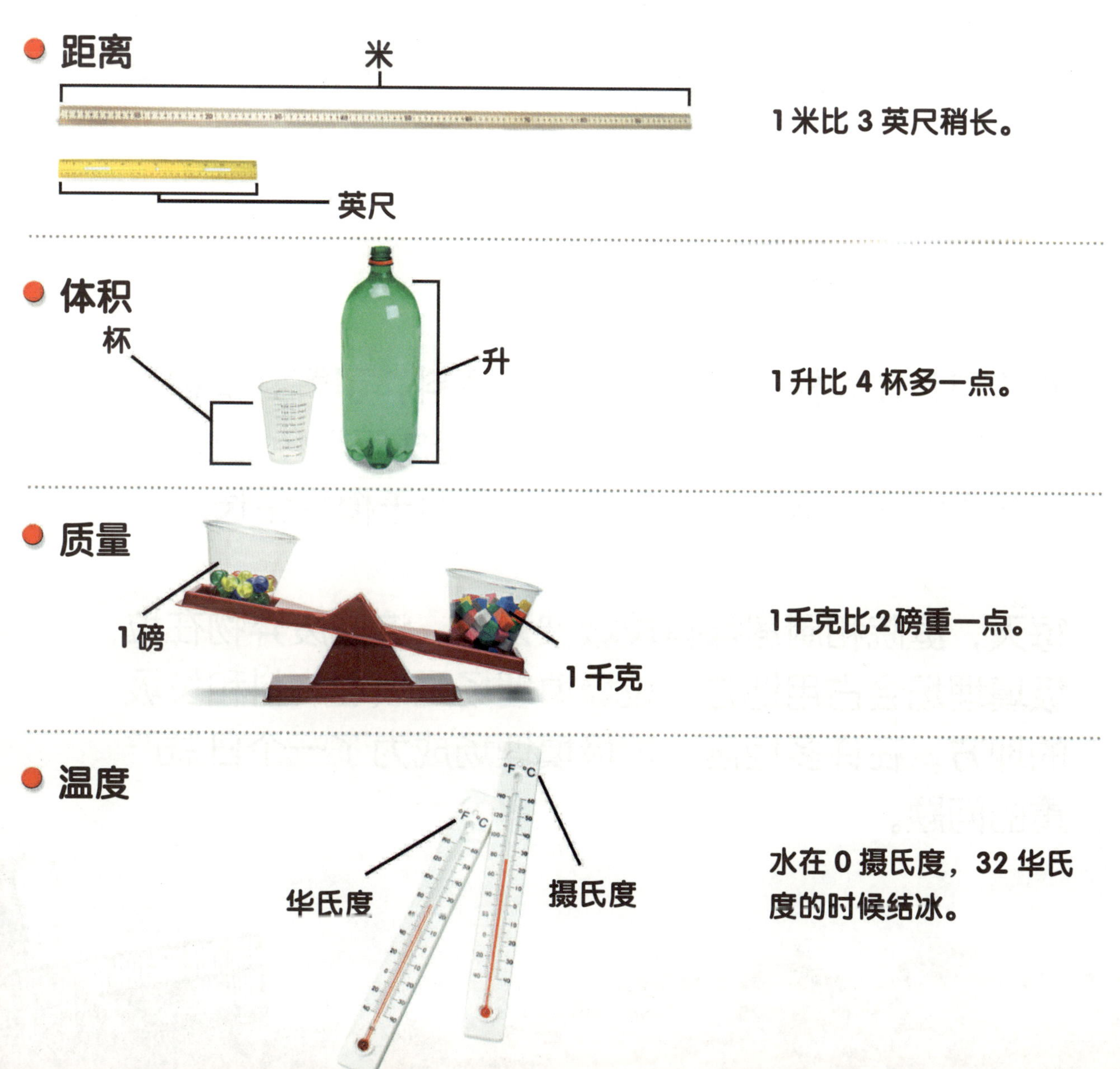

堆肥黄金！

罗莎和乔喜欢园艺。罗莎种了许多五彩缤纷的玫瑰花。乔种的南瓜还获过奖。他们有园艺的秘诀——给园子里的土壤添加堆肥。

什么是堆肥？

罗莎和乔在学校读过有关堆肥的资料，了解到植物死亡之后会慢慢分解。死去的植物会变成暗褐色的物质，这就是堆肥。堆肥会让土壤变得更利于植物生长。

每天，庭院和厨房都有垃圾被丢弃。这些废弃物在垃圾填埋场会占用地方。垃圾填埋场是填埋废料和垃圾的地方。在许多地区，垃圾填埋场成为了一个日益严重的问题。

堆肥可以帮助解决这个问题。我们不用再将垃圾丢弃，而是可以把它们回收作为堆肥再次利用。

什么可以用来做堆肥

罗莎和乔发现，很多东西都可以放进堆肥堆，而不是扔进垃圾桶。

落叶、草屑、小树枝等可以用来做堆肥。

蛋壳、坚果壳、水果、蔬菜等厨房垃圾也可以用来做堆肥。硬纸板、报纸和纸巾都可以用来做堆肥。

什么不可以用来做堆肥

有些垃圾不可以放进堆肥堆，而应该扔进垃圾桶。

肉、鱼、骨头、奶酪和牛奶是不可以放进堆肥堆里的。

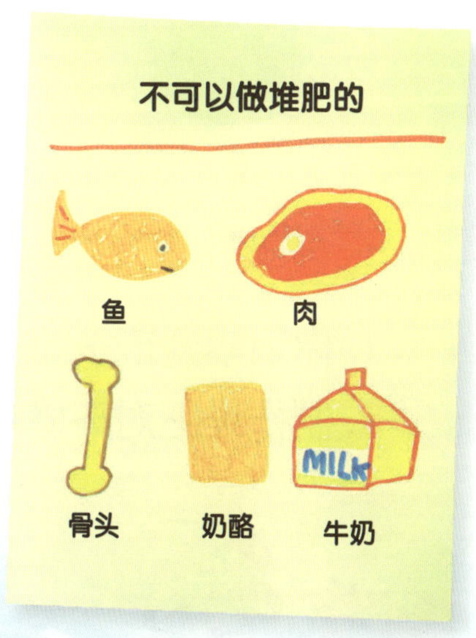

试一试！

罗莎和乔利用学到的知识设计和制作自己的堆肥桶。你也可以制作你自己的迷你堆肥桶。按照下面的说明做，看看会发生什么！

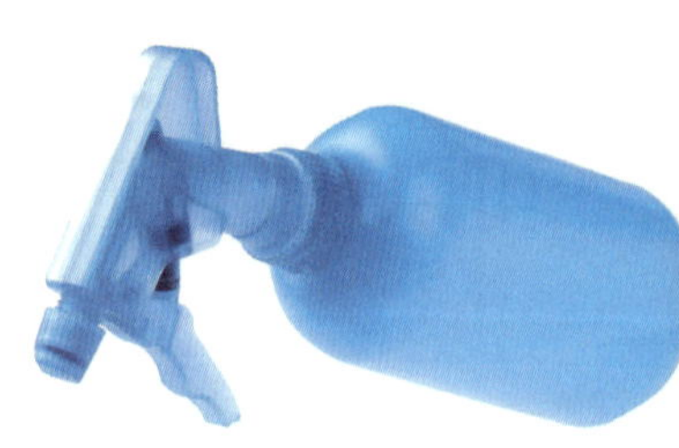

做什么

1. 把食物残渣、树叶、草和泥土放进一个罐子里。
2. 给放进罐子的物品列一个清单。
3. 加入少量水，然后用塑料勺子搅拌堆肥，盖上罐子。
4. 每天观察罐子，持续两周。
5. 记录你观察到的变化。

想一想

1. 你观察到罐子里发生了什么变化？
2. 制作堆肥对环境有什么帮助？

带回家！

你可以在家制作一个真正的堆肥桶。请大人帮你找一个放置堆肥桶的地方。建堆肥桶之前，先要测量地方的大小。

开始制作堆肥，首先，在堆肥堆底层铺上层“棕色物质”，比如树叶或松针。然后加一些“绿色物质”——食物残渣、草屑和杂草。把绿色物质和棕色物质混合到一起。再在上面加一铲泥土。做堆肥的过程中记得每一层都要浇水。重复以上步骤，直到桶被堆满了为止。

很快，你就可以将堆肥用作花园植物或花卉的护根物了。护根物将给植物提供生长所需的营养！

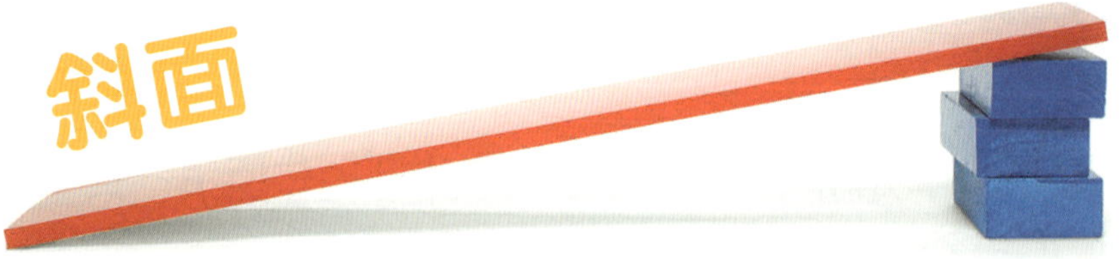

人们经常需要移动重物。搬运工人要搬动箱子，建筑工人要搬动木材和工具，司机用卡车运送物品。这些移动都需要做大量的功！

很多机器可以帮助人们移动物体。其中有些很简单。简单机械是一种只有很少或没有活动部件的工具。有一种简单机械叫做斜面。

斜面表面平坦，一端较高。用于移动物体。

斜面使上下移动物体可以更轻松。斜坡是斜面。你知道吗？滑梯也是斜面，上山的道路或小径也是斜面。

你可以利用斜面移动各种物体。图中的男孩正推着一个很重的箱子上坡。将箱子推上坡要比抬上坡更省力。

你也可以利用斜面移动你自己！爬梯子下来与从滑梯上滑下来，哪个更费力？回答是爬梯子的话，那就对啦！

斜面使几乎所有物体都可以更轻松地移动，能让你移动物体更加省力。

试一试！

你可以自己制作一个斜面来帮你搬动很重的书。按照下面的说明做，看看它是怎样起作用的！

做什么

第一部分

1. 将细绳的一端绑在书上。
2. 用双手抓住细绳的另一端。
3. 把书向上提起来，提到距离地面 30 厘米高处。让你的同伴用尺子测量 30 厘米的距离。

第二部分

1. 将木块垒到 30 厘米高。
2. 把木板的一端放到垒起的木块上，形成一个斜坡。
3. 把书放到斜坡的底部。
4. 用双手抓住细绳的一端。
5. 沿着斜坡把书拉到顶部。让你的同伴固定住斜坡，以免翻倒。

想一想

1. 把书提起来和沿着斜坡拉上去，哪个更费力？
2. 斜面是如何起到帮助作用的？

带回家！

人们在日常生活中会使用斜面。在你家周围找一找你用过的斜面。再想一想你可能见过的其他斜面。将它们描述在图表中。

斜面	如何使用
小山坡	把我的小车拉上去

术语表

（请在这里查阅和学习本册中出现的术语，它们按照页码顺序排列，每个词语都配有英文对应词，并附有释义和例句。）

轴 axis 10
地球围绕着进行自转的一条假想线。
地球绕着**地轴**旋转。

自转 rotation 10
星体围绕自身的轴进行的有着完整轨迹的转动。
地球**自转**一周的时间是一昼夜。

轨道 orbit 14
物体环绕运行的路径。
地球在公转**轨道**上运行一周需要一年的时间。

星座 constellation 16
组合形成一定图形的一群恒星。
我喜欢在夜空中寻找**星座**。

陨坑 crater 18
天体表面因陨石撞击而形成的碗状的坑。
月球表面有许多**陨坑**。

太阳系 solar system 22
太阳、行星和它们的卫星以及其他围绕着太阳转动的天体。
地球在我们的**太阳系**中。

技术 technology 39
利用科学帮助我们解决问题。
人们每天都在使用**技术**。

发明 invent 39
第一次做出某物。
亚历山大·格雷厄姆·贝尔**发明**了电话。

运输 transportation 40
将人或物从一个地方送到另一个地方的方式。
今天的交通**运输**方式让出行前所未有的快捷。

发动机 engine 40
把能量转化为力或运动的机器。
汽车、火车、飞机都有驱动它们的**发动机**。

疫苗 vaccine 42
能够帮助预防疾病的药物。
米亚注射了流感**疫苗**。

气象学家 meteorologist 47
专门研究天气的人。
气象学家预测天气。

卫星 satellite 47
围绕着另一个天体转动的物体。
运载火箭将**卫星**送上太空。

制造 manufacture 48
手工或机器制作。
羊毛可以用于**制造**服装。

中文版科学顾问

高爽
北京师范大学天文系讲师，博士
科普作家、翻译
中国天文学名词审定委员会成员

“在我的教学和科普经验里，给低年级小学生讲月相的变化和成因，是‘不可能完成的任务’。但这套书竟然做到了，不仅简单，而且引人入胜，丝毫不丢失科学细节和严谨性，难能可贵。因此，我强烈建议中小学校和科普机构参考这套书的结构和叙事方式。我们可以从中学到的不仅是天文知识，对学生来说，这套书用神奇的方式打开新世界，这个方式就是体验和讲故事；对教师来说，这套书是与以往不同的教学模式，这个模式就是将复杂的科学简单化、生动化。这是我们应该努力探索的道路，这套书做到了。”

黄晓东
澳大利亚皇家墨尔本理工大学教授，博士后
澳大利亚科学院优秀学者

“这套美国小学通用科学教材浅显易懂，内涵丰富，是套非常棒的科学启蒙读物。它通过大量的问题、图片和体验式实验，引导孩子们观察、推理、预测、交流、测量、排序、比较、分类、调查、建立模型以及得出结论，在动手操作中培养孩子们的科学探究精神和科学批判性思维。”

贾鹤鹏
知名科学记者与科学传播学者
中科院《科学新闻》杂志原总编辑，主任编辑
原美国麻省理工学院科学新闻研究员

“科学始于梦想；睿智源于求知。”

卢明辉
南京大学现代工程与应用科学学院教授，博士
国家自然科学二等奖获得者

“将一件繁复的事情讲简单，是一件非常了不起的事情；将一个科学问题，用引人入胜、童话般的语言娓娓叙述，不仅需要过人的功力，还得保有一份难得的童心。正是这种脱胎于人类天性的烂漫童心才是人类最具有原始创新力的源泉。这套丛书在讲授通识科学的同时，将为孩子们装上想象力的隐形翅膀，飞翔在梦想的天空中。”

王永亭
上海交通大学生物医学工程学院教授，博士
科学松鼠会成员
儿童科普读物作者、翻译

“孩子总是好奇心十足，爱问问题。‘我从哪里来？’‘石头也是用种子种出来的吗？’这些宝贵的好奇心如果缺少珍惜和培养，慢慢地就会消失。如果家长能够和孩子一起阅读科学、讨论科学、动手实践，孩子的好奇心和探究的能力就会得到滋养。《美国科学》这套丛书，有精美的图片、准确的语言、恰当的问题、容易执行的实践活动，为家长和孩子一起学习科学提供了很好的工具。打开书，和孩子一起体验科学之美吧。”

丛书作者

蒂莫西·库尼博士
艾奥瓦州锡达福尔斯市
北艾奥瓦大学
地球科学与科学教育
教授

吉姆·卡明斯博士
加拿大多伦多市多伦多大学
课程与教学系
教授

詹姆斯·弗勒德博士
加利福尼亚州
圣地亚哥州立大学
教师教育学院
文化与语言杰出教授

芭芭拉·凯·福茨，教育学硕士
得克萨斯州休斯顿市
科学教育顾问

M. 詹妮丝·戈德斯通博士
亚拉巴马州
塔斯卡卢萨亚拉巴马大学
基础教育项目系
科学教育副教授

雪莉·戈尔斯通·基博士
田纳西州孟菲斯市孟菲斯大学
教育学院教育与课程领导系
科学教育副教授

黛安娜·拉普博士
加利福尼亚州
圣地亚哥州立大学
教师教育学院
阅读与语言艺术杰出教授

谢里尔·A. 默西埃
加利福尼亚州邓拉普小学
课堂教师

卡伦·L. 奥斯特伦，哲学博士
得克萨斯州奥斯丁市
得克萨斯大学自然科学学院
科技工程数学类教师培养
项目专家

南希·罗曼塞博士
加利福尼亚州
佛罗里达大西洋大学
查尔斯·E. 施密特科学学院
科学教育教授
兼
美国国家科学基金会 / 国际教育成就评价协会与美国教育专家考试中心联合研究院
科学项目主要研究者

威廉·泰特博士
密苏里州圣路易斯市
华盛顿大学
教育系教育与应用统计学
教授兼系主任

凯瑟琳·C. 桑顿博士
弗吉尼亚州夏洛茨维尔市
弗吉尼亚大学
工程与应用科学学院教授
前美国国家航空与航天局
宇航员

利昂·尤肯斯博士
马里兰州陶森市陶森大学
天文物理与地理科学系
荣誉教授

史蒂夫·温伯格
康涅狄格东哈特福德
康涅狄格高新技术中心
顾问

顾问作者

迈克尔·P. 克伦奇博士
加利福尼亚州埃尔森特罗市
埃尔森特罗小学学区主管

科学内容顾问

弗雷德里克·W. 泰勒博士
得克萨斯州奥斯丁市
得克萨斯大学
地球物理学学会 / 杰克森
地球科学学院
高级研究科学家

露丝·E. 巴斯柯克博士
得克萨斯州奥斯丁市
得克萨斯大学生物科学学院
高级讲师

克利夫·弗罗利希博士
得克萨斯州奥斯丁市
得克萨斯大学
地球物理学学会 / 杰克森
地球科学学院
高级研究科学家

布拉德·埃默斯基
得克萨斯州奥斯丁市
得克萨斯大学
麦克唐纳天文台

内容顾问

阿蒂娜·威廉斯·劳斯顿，哲学博士
首要教育办公室成员
首席教育官

克利福德·W. 休斯敦，哲学博士
首要教育办公室成员
教育项目副首席教育官

弗兰克·C. 欧文斯
首要教育办公室成员
高级政策顾问

德博拉·布朗·比格斯
教育引导部门太空行动任务
教育飞行项目办公室经理

埃丽卡·G. 维克
教育飞行项目办公室
美国国家航空与航天局与培生斯考特福斯曼之间联络人

威廉·E. 安德森
航空学研究任务部门
教育合伙经理

阿妮塔·克里希纳穆尔蒂
太空科学教育外展项目
项目规划专家

邦尼·J. 麦克莱恩
太空探索系统任务部门
教育部长

黛安娜·克莱顿，哲学博士
地球科学教育
项目专家

德博拉·里韦拉
美国国家航空与航天局总部
公共事务办公室
公共事务官员

道格拉斯·D. 彼得森
美国国家航空与航天局
约翰逊太空中心
宇航员办公室 / 公共事务办公室
公共事务官员

妮科尔·克卢捷
美国国家航空与航天局
约翰逊太空中心
宇航员办公室 / 公共事务办公室
公共事务官员

珍妮弗·J. 怀斯曼博士
美国国家航空与航天局总部
哈勃太空望远镜
项目科学家